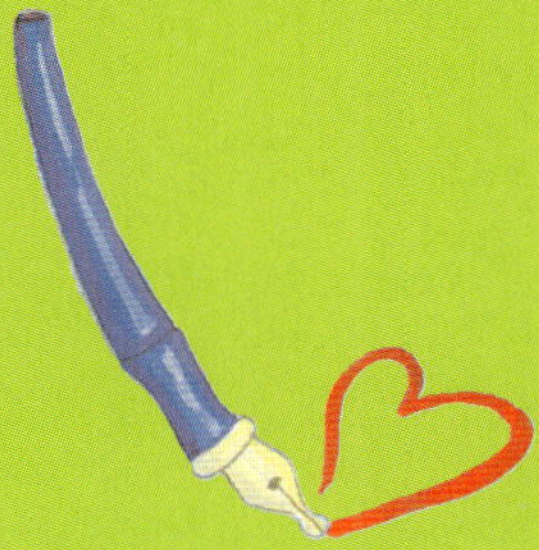

W0390686

Lesezug – 4. Klasse

Liebe Mütter, liebe Väter, liebe Omas,
liebe Opas, liebe Tanten, liebe Onkel,
liebe Lehrerinnen und Lehrer!

Je älter unsere Kinder werden, desto stärker orientiert sich ihr Leseverhalten an persönlichen Interessen. Sie werden Themen und Texten gegenüber kritischer. Sie wollen sich mit den Texten auseinandersetzen und sich mit den Protagonisten identifizieren können. Es beginnt sich der persönliche Lesegeschmack zu bilden.

Die Bücher der vierten Lesezugstufe bieten thematisch eine besonders große Bandbreite. Von lustigen Alltagsgeschichten über Krimis bis hin zu kritischen Problemgeschichten findet man alles.
Die Geschichten werden von tollen Illustrationen unterstützt, die trotzdem der Fantasie unserer Leserinnen und Leser ihren Raum lassen.

Viel Freude beim Eintauchen in die unterschiedlichsten Lesewelten!

Ihr G&G Verlag

Lesepädagogisches
Lektorat

Franz Sales Sklenitzka

Liebespost

Mit Illustrationen von
Andrea Dölling

Der G&G-Lesezug™

G&G

Von Franz Sales Sklenitzka in der Reihe „Lesezug“ erschienen:
Ritter Rudi, Lesezug 1. Klasse, ISBN 978-3-7074-0341-1
Konrad haut drauf!, Lesezug 3. Klasse, ISBN 978-3-7074-0388-6

Begleitmaterial zu diesem Buch finden Sie unter www.lesezug.at zum Gratis-Download!

www.ggverlag.at

ISBN 978-3-7074-0351-0

In der aktuell gültigen Rechtschreibung

3. Auflage 2011

Illustration: Andrea Dölling
Printed by Tipolitografia Alcione, Lavis-Trento, über Agentur Dalvit, D-85521 Ottobrunn

© 2007 G&G Verlagsgesellschaft mbH, Wien
Alle Rechte vorbehalten. Jede Art der Vervielfältigung, auch die des auszugsweisen Nachdrucks, der fotomechanischen Wiedergabe sowie der Einspeicherung und Verarbeitung in elektronische Systeme, gesetzlich verboten. Aus Umweltschutzgründen wurde dieses Buch auf chlorfrei gebleichtem Papier gedruckt.

Inhalt

Valentinstag

Lieber Konrad!
Ich schicke dir ein Herz. Hoffentlich weißt du warum. Das Herz macht man so: Man schneidet es aus und malt es mit einem roten Stift an.
Dann verschmiert man die Farbe über den Rand auf ein Blatt Papier.
Bitte schick mir auch ein Herz!
Deine Jana

So einen langen Brief hat Jana noch nie geschrieben. Sie knüllt den Zettel zu einer Kugel zusammen und atmet tief durch. Frau Bergmann, die Lehrerin, steht mit dem Rücken zur Klasse. Sie schreibt eben etwas an die Tafel. Jana nimmt ihren ganzen Mut zusammen und wirft den Zettel in Richtung Konrad. Konrad sitzt zwei Tische vor ihr in der 4. Klasse b.

Es ist Valentinstag.

Verstohlen beobachtet Jana, wie Konrad den Zettel glatt streicht und zu lesen anfängt. Dann dreht er sich nach ihr um. Er schüttelt den Kopf. Jana beißt die Lippen zusammen.

In der Pause steht Konrad plötzlich neben Jana. „Sag, spinnst du?", murmelt er. „Was soll denn das?"

„Es ist Valentinstag", strahlt Jana.

„Na und? Wenn die

Lehrerin deinen Brief abfängt? Oder Patrick! Oder Stefan! Das wär ja noch schlimmer!"

„Das ist alles, was ihm dazu einfällt?", denkt Jana. Patrick und Stefan sind Konrads beste Freunde. Jana ist enttäuscht, nein, sie ist wütend. Sie zuckt mit den Schultern und dreht sich mit einem Ruck um. Dann geht sie weg. Ja, sie lässt Konrad einfach stehen.

Konrad tut es ein wenig Leid, was er gesagt hat. Jana ist eigentlich okay. Er kann sie besser leiden als die anderen Mädchen in seiner Klasse. Und im Völkerballspielen ist sie auch prima.

Da fällt ihm was ein. „Warum schickst du mir keine SMS?", ruft Konrad Jana nach.

„Ja, warum eigentlich nicht?", denkt Jana und bleibt stehen. Sie weiß, was eine SMS ist, auch wenn sie noch keine geschrieben hat. Aber so schwer kann das nicht sein. Dumm ist nur, dass Janas Handy schon seit ein paar Tagen nicht funktioniert. Vielleicht ist der Akku leer, aber wahrscheinlich ist mehr kaputt, seit ihr das Ding aus der Hosentasche gefallen ist. Das Display hat einen Sprung und man kann die Zeichen und Zahlen kaum lesen. Doch Jana könnte Kevin fragen, ob er ihr das Handy leiht. Einmal nur … Wozu hat sie einen großen Bruder?

„Wenn du mir deine Handy-Nummer gibst …“

„Klar“, sagt Konrad. „Die kannst du haben.“

Dumm, dass Konrad im Moment gar kein eigenes Handy hat. Konrad hatte zwar ein Handy, aber das hat er verloren, wahrscheinlich beim Fußballtraining. Oder jemand hat es geklaut. Vielleicht hat es Konrad auch nur verlegt. Jedenfalls findet er es seit zwei Wochen nicht mehr. Aber das will er jetzt nicht zugeben. Er könnte ja Jenny fragen. Wozu hat man eine große Schwester? Nein, er wird sich einfach Jennys Handy ausleihen, nur für kurz. Vielleicht merkt sie gar nichts.

„Ich schreib dir die Nummer auf", sagt er. Was Konrad nicht sagt: Es ist die Handynummer seiner Schwester. Konrad hat ein gutes Gedächtnis. Wenn er auch manchmal Dinge verschlampt und nicht mehr findet, Zahlen kann er sich merken. Schnell kritzelt er die Nummer auf Janas Brief. Stefan und Patrick sehen schon die ganze Zeit herüber.

„Okay", sagt Jana. Ihre Wut ist verraucht. „Danke!"

SMS

„Kevin?", sagt Jana am Nachmittag mit ihrer süßesten Stimme. „Darf ich mir dein Handy ..."

„Klar", nickt Kevin gnädig. Anscheinend hat er einen guten Tag heute. „Aber fasse dich kurz!"

„Ich will gar nicht telefonieren."

„Aha", grinst Kevin. „SMS also. Liebespost?"

Jana tippt sich an die Stirn. „Spinnst du?" Aber sie kann nicht verhindern, dass sie rot wird.

„Weißt du, wie das geht?"

„Nicht genau."

„Okay. Ich helf dir ein bisschen." Kevin hat einen besonders guten Tag heute. Nicht immer ist er so hilfsbereit. Er drückt ein paar Mal die Menü-Taste, bis Jana im Display lesen kann: *Kurzmitteilung verfassen.* Dann erklärt er Jana genau, was sie zu tun hat. Weil es viel mehr Buchstaben gibt als Ziffern, stehen auf dem Handy neben jeder Zahl von 2 bis 9 drei oder vier Buchstaben. Die 2 steht für a, b und c, die 3 für d, e, f und so weiter. Will Jana ein a schreiben, drückt sie die Taste 2 einmal, will sie ein b, drückt sie die Taste 2 zweimal. Am Computer zu schreiben ist leichter, findet Jana. Da gibt es für jeden Buchstaben eine eigene Taste.

„So, los geht's", grinst Kevin. „Wenn du mich brauchst: Ich bin im Internet."

Kevin verschickt lieber E-Mails als SMS.

E-Mails sind Briefe von Computer zu Computer, hat Frau Bergmann erzählt, Janas Lehrerin. Aber um so eine E-Mail zu verschicken, braucht man nicht nur einen Computer, sondern auch das Internet. Kevin hat erzählt, dass es Internet auch für Handys gibt. Mit solchen Handys, sagt Kevin, kann man auch E-Mails verschicken. Das ist Jana alles zu kompliziert. Sie weiß nur, dass sich Kevin so ein tolles Handy zum nächsten Geburtstag wünscht. Und er rechnet jetzt wohl schon damit, dass er es auch bekommt. Dann „erbt" Jana vielleicht dieses Handy, das ihr Kevin jetzt geliehen hat. Kann nicht schaden, wenn sie es heute schon ausprobiert.

Jana macht sich an die Arbeit. Ein paar Mal muss sie den großen Bruder fragen, zum Beispiel, wie sie am Handy ein Rufzeichen schreiben kann.

Und wie man einen Abstand zwischen zwei Wörtern eingibt. Wie man einen falschen Buchstaben löscht. Puh, richtig anstrengend ist das! Schwerarbeit! Aber Konrad soll sehen, dass sie nicht nur Briefchen schreiben kann, Briefchen mit Buntstiftherzen!

Schweißtropfen stehen bald auf Janas Stirn, ihre Wangen sind knallrot. Manchmal drückt sie zu schnell, manchmal zu langsam, dann ist auf einmal ein falscher Buchstabe im Display. Aber Jana gibt nicht auf. Nach einer halben Stunde ist alles so, wie sie es sich vorstellt. Ja, sie ist stolz auf sich, dass sie es geschafft hat: *Hallo! Ich finde dich echt nett!!! Du mich auch? Bis morgen! J.* ist jetzt auf dem Display zu lesen. Wo ist denn nur der Zettel mit Konrads Handynummer? Ah, in der Jeanstasche. Jana gibt die Nummer ein.

Und als sie auf „Senden" drückt, klopft ihr das Herz schon wieder bis zum Hals. Genau wie in der Schule. Warum ist Liebespost immer so aufregend?

Ein paar Straßen weiter: Jenny, Konrads ältere Schwester, liegt zur selben Zeit auf dem Bett und träumt – träumt mit offenen Augen. Neben ihr sitzt Stoffel, der Stoffhase, und neben Stoffel liegt ihr Handy. Jenny hofft, dass es endlich klingelt. Denn es ist ein kleines Wunder passiert, ausgerechnet heute, am Valentinstag!

Julian hat sie auf dem Heimweg begleitet, zum ersten Mal! Julian geht in eine höhere Klasse, Julian mit den unglaublich blauen Augen. Und als er sich verabschiedet hat, da war Jenny ungeheuer mutig. Sie hat Julian einen Zettel in die Hand gedrückt. Den Zettel trägt sie schon seit Wochen bei sich. „Hier", hat sie gesagt, „meine Handynummer!" Und noch cool nachgesetzt: „Ist ja Valentinstag." Wenn Julian nicht ganz

bescheuert ist, dann muss er wissen, was er zu tun hat. Seine Nummer hat er Jenny aber nicht verraten. Wahrscheinlich war er so überrascht. Doch wenn Julian anruft, dann sieht Jenny die Nummer sofort auf ihrem Display – und kann sie speichern. Ja, und jetzt liegt Jenny auf dem Bett und wartet, dass das Handy klingelt, und wartet und wartet und wartet ... Komisch, wieso sich Konrad heute auf einmal für ihr Handy interessiert hat, Konrad, ihr jüngerer Bruder. Gestern hat er sich noch über die „rosa Farbe" lustig gemacht, und heute? Heute wollte er es sich auf einmal ausborgen! Ausgerechnet heute! Da ist er aber an die Falsche geraten! Wie ein Hund seinen Knochen hat sie ihr Handy bewacht, mit Klauen und Zähnen, wenn es nötig gewesen wäre. Das wär ja noch schöner, wenn Julian endlich, endlich, endlich einmal anruft und Jenny seinen Anruf versäumt, weil der kleine Bruder gerade mit ihrem Handy rumspielen will. Hätte Konrad halt besser auf sein Handy aufgepasst, dann müsste er sich jetzt keins ausborgen!

Konrad ist dann abgezogen, zum Fußball-training – ohne Jennys Handy natürlich. Er war ziemlich sauer, dass sie es ihm nicht geben wollte. Hat gesagt, dass er nie wieder ein Wort mit ihr reden würde. Aber darauf kann sie gern verzichten. Jenny fragt sich sowieso immer wieder, wozu kleine Brüder gut sein sollen.

In diesem Moment meldet Jennys Handy, dass eine SMS angekommen ist. Ungläubig schaut sie auf das Display und liest die SMS, liest sie nochmals, liest sie immer wieder: *Hallo! Ich finde dich echt nett!!! Du mich auch? Bis morgen! J.*

Jenny springt auf, drückt Stoffel an sich und tanzt wie wild im Zimmer herum. Sie könnte die ganze Welt umarmen! Eine SMS – besser, viel besser als ein Anruf! Die kann sie speichern und immer wieder lesen! Jenny kann gut verstehen, dass Julian lieber schreibt als spricht; wegen Frosch im Hals und so. Aber jetzt muss sie antworten!

Und mit fliegenden Fingern tippt Jenny in die Tasten: *Hi, Julian! Ob ich dich nett finde? Du bist die Nadel im Heuhaufen! Ich kann den morgigen Tag kaum mehr erwarten und habe 1000 Fragen an dich! Deine Jenny :) :) :)*

Fünf Minuten später platzt Jana ins Zimmer ihres Bruders. Der sitzt noch immer vor seinem Laptop.

„Muss das sein?", knurrt Kevin. „Siehst du nicht, dass ich arbeite? Ich maile Caroline gerade meinen Aufsatz."

Jana bleibt in der Tür stehen.

„Was ist denn?", fragt Kevin. Schön langsam wird er ungeduldig. „Ich dachte, du hast deine SMS fertig?"

„Ja, und ich hab sie auch abgeschickt. Ich hab sogar schon eine Antwort bekommen."

„Na prima", sagt Kevin ohne vom Bildschirm wegzusehen. „Dann ist ja alles okay."

„Nichts ist okay!“, ruft Jana zornig. „Sieh dir das an!“ Sie hält Kevin das Handy hin. „Was hat das alles zu bedeuten? Wieso Julian? Wieso Nadel im Heuhaufen? Wieso Jenny?“

Kevin nimmt sein Handy und liest die SMS. Er liest sie nochmals, pfeift durch die Zähne und dann grinst er. „Auweia“, sagt er, „der arme Julian! Ts, ts, ts – 1000 Fragen! Zum Glück kann man pro SMS nur 160 Zeichen senden, sonst wären es wohl 100.000 Fragen geworden. Hm, da ist wohl irgendwas schief gelaufen.“ Ja, das glaubt Jana auch. Und sie wird es morgen mit Konrad klären!

Bis zum Abendessen hat Jana den Ärger mit der SMS schon halbwegs verdaut.

„Wie war das eigentlich bei euch?", fragt sie ihre Eltern und nimmt sich noch ein bisschen vom Nudelsalat.

„Was denn?", fragen Mama und Papa wie aus einem Mund.

„Na, wie ihr euch kennen gelernt habt. Habt ihr euch SMS geschickt oder E-Mails?"

Papa und Mama sehen einander an. „Weder noch", sagt Mama schließlich. „Computer gab's zwar schon vor 16 Jahren, aber E-Mails konnte man damit nicht verschicken. Handys hatten wir auch nicht. Dafür gab es damals noch Telefonzellen. Und man konnte von jedem Postamt aus anrufen. Telefoniert haben wir, ja, meistens telefoniert – stundenlang."

„Ja", nickt Papa. „Opa und Oma waren ziemlich sauer, weil die Telefonrechnung so hoch war."

„Die waren aber damals noch keine Großeltern", wirft Kevin ein.

„Trotzdem waren sie manchmal sauer", lacht Mama.

„Wir haben uns immer am Telefon ausgemacht, wo wir uns treffen, ob wir spazieren gehen oder ins Kino. Und es hat bestens geklappt", sagt Papa.

„Wie du siehst", sagt Mama. „Aber warum fragst du?"

„Nur so", sagt Jana.

E-Mail

Kevin ist ein Sammler. Früher sammelte er Fußballbilder. Noch früher Matchbox-Autos. Zurzeit sammelt er E-Mail-Adressen und speichert sie in seinem Computer. Jana weiß, das sind Namen mit diesem sonderbaren @ dahinter. „Klammeraffe" heißt dieses sonderbare a mit Ringelschwanz, hat Frau Bergmann gesagt. Nach dem Klammeraffen folgen dann noch ein paar Buchstaben. Hunderte von solchen Adressen hat Kevin schon, auch Adressen von Leuten, denen er noch nie eine Mail geschickt hat. Man kann ja nie wissen ...

Natürlich hat er auch die E-Mail-Adresse von Oma Jutta gespeichert. Tag für Tag senden sich die beiden Mails und tauschen Witze aus, Wetterregeln und anderes. „Kevin ist wahrscheinlich der einzige Vierzehnjährige, der Mails von seiner Oma bekommt", denkt Jana.

Oma Jutta ist begeistert vom Internet – zum Unterschied von Oma Elfi, der zweiten Großmutter von Jana. Immer wieder sagt Jutta ihrem Mann, dem Opa Erich, wie praktisch diese Mails sind und dass sie nicht versteht, wieso man das nicht früher erfunden hat, früher, als sie noch nicht in Pension war.

1 neue Nachricht ist auf dem Bildschirm zu lesen. Von Oma Jutta. Betreff: *Mohnstrudel.* Kevin klickt die neue Nachricht an. Wenn Oma schreibt, dann darf Jana dem großen Bruder über die Schulter schauen und mitlesen. Aber wenn sich Kevin mit dem Laptop auf sein Zimmer verzieht, dann weiß Jana: Er kriegt Nachricht von Freunden oder Freundinnen. Oder er verschickt gerade welche. Das hat Jana schon herausbekommen. Und da braucht er keine Mitleser und Mitwisser.

Hallo, Kevin! Hallo, Jana! Opa will morgen einen Mohnstrudel backen. Habt ihr am Nachmittag Zeit? Dann kommt, solang er frisch ist – der Strudel, nicht Opa. Frisch schmeckt er am besten! Wir freuen uns auf euren Besuch! Liebe Grüße von eurer Oma!

Opa Erich kann wunderbar kochen und backen – zum Unterschied von Opa Franz, dem zweiten Großvater von Jana. Niemand macht so guten Mohnstrudel wie Opa Erich. Weil es bei Kevin und Jana zu Mittag Krautfleckerln gibt, machen sich die beiden bald nach dem Essen auf den Weg zu Opa. Ja, sie haben es ziemlich eilig, von zu Hause fortzukommen. Krautfleckerln mögen sie beide nicht so gern, Mohnstrudel von Opa Erich schon. In diesem Punkt sind sie sich einig, auch wenn Jana und Kevin sonst oft streiten.

Mohnstrudel kann man noch nicht per E-Mail verschicken, den müssen sich die Geschwister persönlich abholen.

Es ist ein milder Februartag. Bis zum Haus der Großeltern sind es drei Kilometer. Mit den Fahrrädern brauchen Kevin und Jana nicht länger als zehn Minuten. Doch als sie bei Oma und Opa ankommen, kriegen die beiden einen mächtigen Schreck. Das Fenster steht weit offen, und dichte graue Rauchwolken quellen aus der Küche. Es riecht nach Verbranntem.

„Auweia! Das schaut nicht gut aus!", ruft Kevin. Die Kinder lassen die Fahrräder fallen und rennen ins Haus. Die ganze Küche ist voller Qualm, kaum dass man die Hand vor den Augen sieht. Der Rauch kommt anscheinend aus dem Backrohr. Als er sich ein wenig verzogen hat, können Kevin und Jana endlich auch eine Gestalt erkennen: Opa Erich. Er fächelt sich mit der Hand frische

Luft zu und stöhnt: „O nein, der gute Strudel! Jutta! Juutta!! Juuutttaaa!!!"

„Ja, was ist denn?", hört man Omas Stimme aus dem Wohnzimmer.

„Sieh dir das an! Hab ich nicht gesagt, du sollst nach dem Strudel schauen, während ich im Keller bin? Jetzt sind Kevin und Jana hier, und alles ist verkohlt! Sogar das Backblech muss ich zum Sperrmüll geben! Weil du auch immer vor diesem Computer hocken musst!"

„Ist doch halb so schlimm", tröstet Jana. Sie ist froh, dass den Großeltern nichts passiert ist.

„Schon schlimm", sagt Kevin leise. „Mir knurrt jedenfalls der Magen."

„Ich krieg Jutta nicht mehr weg vom Bildschirm!", stöhnt Opa Erich. „Zwanzig Mal am Tag schaut sie nach, ob ihr jemand eine E-Mail geschickt hat."

„Jetzt übertreibst du aber", sagt Oma Jutta.

„Weißt du was? Ich such dir dafür ein neues Strudelrezept im Internet."

„Einverstanden", brummt Opa Erich. „Solang du dir keinen neuen Mann im Internet suchst ..."

„Niemals!", ruft Oma Jutta. „So einen wie dich gibt's auf der ganzen Welt kein zweites Mal! Ah, da ist ja eine neue Nachricht! Na, was sagst du, Erich? Ist das nicht ein Segen, das Internet?"

„Ein Segen?“, Opa Erich schüttelt zweifelnd den Kopf. „Ich weiß wirklich nicht … Manchmal kommt es mir schon vor, als ob ich gar keine Frau hätte.“

„Hast du aber. Und du weißt, wo du mich finden kannst“, schmunzelt Oma Jutta.

„Ja, wenn sich der Rauch aufgelöst hat“, knurrt Opa Erich, „dann finde ich dich bei deinem geliebten Computer.“

„Bist du etwa eifersüchtig?“, lacht Oma Jutta.

„Wie war denn das so bei euch?“, fragt Jana plötzlich. „Ich meine, als ihr noch jung wart, ganz am Anfang. Da gab's doch noch keinen Computer und kein Handy, oder?“

„Ganz recht“, sagt der Opa. „Und das war gut so, sonst hätte sie wahrscheinlich einen PC geheiratet und nicht mich. Vermailt hätte sie sich! Damals hat sie mir oft geschrieben, meine gute Jutta. Von jeder Reise hat sie mir eine Ansichtskarte geschickt. Sie war ja viel unterwegs mit ihrem Chor. Aber jetzt wollen wir endlich wissen: Was steht denn in der neuen E-Mail?"

„Siehst du! Du bist ja doch neugierig", sagt Oma Jutta. Sie springt auf und verkündet laut: „Große Geburtstagsfeier für Mutter! Heute in fünf Wochen!"

Wenn Oma von Mutter spricht, dann meint sie Janas Urgroßmutter. Die Uroma hat den Krieg noch erlebt. Damals war sie eine junge Frau. Und seit damals wohnt sie am Stadtrand in einem kleinen Häuschen mit winzigem Garten, um den sie sich selber kümmert, ganz allein. Leider lebt ihr Mann, Janas Uropa, nicht mehr. Jana und Kevin haben ihn nie kennen gelernt.

An manchen Tagen fühlt sich die Uroma noch recht gut. Aber manchmal ist sie schon müde und schwach auf den Beinen. Dann ruft sie bei den Eltern von Kevin und Jana an, ob die Kinder für sie einkaufen können. Dafür gibt's immer Extra-Taschengeld.

„Wir müssen sofort Gini verständigen!", sagt Oma. „Sonst ist sie in fünf Wochen womöglich gar nicht da."

„Aber wie?", fragt Opa ratlos. „Franz und Elfi und all die anderen können wir anrufen, aber meine liebe Schwester hat ja nicht einmal Telefon, wie ihr wisst."

„Wir machen es so wie sonst", sagt Oma Jutta. „So wie früher. Wir schreiben ihr eine Botschaft und stecken sie in ihren Briefkasten." Sie reißt einen Zettel vom Notizblock und kritzelt ein paar Worte drauf. Jana schaut ihr über die Schulter. Oma Jutta hat nichts dagegen.

„Den Brief zustellen, das können wir übernehmen", sagt Kevin.

Wenn kein Mohnstrudel da ist, weiß er sowieso nicht, warum er sich noch länger hier aufhalten soll. Vielleicht gibt es bei Gini etwas Essbares. Jana ist einverstanden. Sie mag Tante Gini und besucht sie gern.

Es ist urgemütlich bei ihr. In der ganzen Wohnung gibt es Blumen und andere Pflanzen. Auf allen Fensterbrettern stehen Töpfe mit Küchenkräutern.

Überall blüht und duftet es bei Gini.

„Also ihr erledigt das? Gute Idee“, sagt Opa Erich und spendiert einen Euro.

„Gini wird sich freuen über zwei so nette junge Briefträger. Und ich spar mir das Geld für das Porto.“

Gini pfeift aufs Internet

Eine Viertelstunde später sind Kevin und Jana am Ziel. Sie stürmen die Stiege zur Wohnungstür hinauf und läuten Sturm. „Es ist offen!", hört man von drinnen eine Stimme rufen. Tante Gini sitzt am Schreibtisch im Wohnzimmer und nagt an ihrem Federhalter. Sie ist die jüngere Schwester von Opa Erich, um viele Jahre jünger. Eigentlich ist sie ja die Großtante von Jana und Kevin, aber mit ihren kurzen roten Haaren sieht sie so jung aus, dass man sie glatt als Tante durchgehen lassen kann. Deshalb heißt sie in der ganzen Verwandtschaft nur Tante Gini. Oder einfach Gini.

Vor Gini liegt ein Blatt Papier. Auf dem Blatt stehen ein paar Zeilen, handgeschrieben – ein angefangener Brief. Daneben liegt ein fertiger. „Ob Gini gerade eine Antwort schreibt? Jedenfalls ist sie in Gedanken ganz woanders", denkt

Jana. „Sie blickt durch mich hindurch, als ob ich aus Glas wäre."

„Hallooo!", ruft sie und winkt mit beiden Händen, während sich Kevin nach etwas Essbarem umsieht. „Wir sind da!"

„Das seh ich", sagt Tante Gini und lächelt. „Und es ist nicht zu überhören. Die Überraschung ist euch gelungen!"

„Wir sind immer gut für Überraschungen", sagt Kevin. Jana stellt sich hinter die Großtante und schaut ihr über die Schulter. „Wem schreibst du denn heute? Dem Afrikaner? Oder dem Chinesen?"

Tante Gini hat viele Brieffreunde auf der ganzen Welt. Khaled in Kuwait. Tom in Kenya. Pipo in Argentinien – und wie sie alle heißen. Kein Wunder, sie unternimmt oft Reisen und lernt so viele Menschen kennen.

Jana hätte auch gern so viele Freunde. Aber tauschen möchte Jana nicht mit Tante Gini. Tante Gini hat keinen Computer und kein Internet. Sie hat kein Kabelfernsehen und keine Satellitenschüssel. Obwohl sie so viel jünger ist als Opa. Nicht einmal ein Handy hat sie. Deswegen kann sie auch keine E-Mails verschicken.

Sie schreibt ihre Briefe alle mit der Hand! Mit Füllfeder und Tinte! Und verschickt sie mit der Post!

„Was führt euch zu mir, meine Lieben?", fragt Tante Gini.

„Eine wichtige Botschaft", sagt Jana.

„Der Hunger", sagt Kevin. „Zu Hause gab es Krautfleckerln, und bei Opa Erich ist der Strudel im Rohr verbrannt. Eigentlich führt uns der Hunger zu dir."

„Ihr Armen!", sagt Tante Gini. „Lasst mich nur schnell den Brief zu Ende schreiben. Dann werde ich mich gleich um euch kümmern."

„He, Gini!", ruft Kevin. „Wieso schreibst du noch immer mit dem Füller? Wir leben im 21. Jahrhundert, liebe Tante! Ich schreib sogar meine Hausaufgaben mit dem PC und drucke sie dann aus."

„Was du nicht sagst!"

„Wann kaufst du dir endlich einen Computer?" Kevin betont jedes Wort. Er ringt die Hände und verdreht die Augen. Diese Frage stellt er seiner Großtante vielleicht schon zum fünfzigsten Mal. Es wäre so praktisch, wenn Tante Gini einen PC hätte! Dann hätte Kevin außerdem eine Adresse mehr in seiner Sammlung.

„Wozu? Da müsste ich viel über Computer lernen, um einen Brief damit zu schreiben."

„Es ist ganz einfach! Ich kann's dir beibringen!" Kevin redet voller Eifer. „Oma Jutta hat es doch auch gelernt."

Tante Gini lacht. „Keine Chance, Kinder. Ich brauch keinen Computer. Und ich pfeife auf das Internet."

Kevin kann das nicht verstehen. Aber auch wenn Gini kein Internet hat, ein paar Schokoriegel hat sie immerhin im Haus. Die sind ja auch nicht zu verachten.

„Die sind für uns, nicht wahr?", fragt Kevin und schält gleich einen aus der Folie.

„Natürlich", sagt Gini.

„Für wen denn sonst?" Sie hält einen Bogen Briefpapier an ihre Nase und zieht die Luft ein.

„Du schnupperst?", fragt Jana.

Gini nickt. „Briefpapier ist manchmal parfümiert, riecht nach Lavendel, Rosen. Oder nach Nelken wie dieses hier. Aber es gibt nicht nur was zu riechen, es gibt auch was zu schauen, wenn ein Brief ankommt. Ich seh mir die bunten Briefmarken an. Und den Stempel. Und dann, dann nehme ich den Brieföffner und schneide den Umschlag auf. Könnt ihr das bei einer E-Mail?"

Jana schüttelt den Kopf.

E-Mails kann man öffnen, doch Umschlag haben sie keinen.

Ginis Brieföffner kennt sie. Er gefällt ihr. Wie ein kleiner Dolch sieht er aus. Jana möchte gern selbst einen Umschlag mit dem Brieföffner aufschlitzen.

Leider schreibt ihr niemand einen Brief.

Von Konrad ist auch keine Nachricht mehr gekommen – bis heute jedenfalls.

Als ob Tante Gini Gedanken lesen könnte, sagt sie plötzlich: „Hat dir schon mal jemand einen Brief geschickt, Jana?"

Jana schüttelt den Kopf. Tante Gini ist fassungslos. „Neun Jahre und noch keinen Brief bekommen? Soll man das für möglich halten?" Und dann erklärt sie: „Du bist die nächste, der ich schreibe."

„Ehrlich?"

„Ehrenwort!", verspricht Gini. „Und wenn du meinen Brief öffnest, dann denk daran: Bei jedem Brief gibt's was zu hören und zu fühlen: dieses Rascheln, dieses Knistern – ein wunderschönes Geräusch, finde ich. Übrigens, manchmal steckt noch mehr in so einem Umschlag", sagt Tante Gini geheimnisvoll.

„Was denn?" fragt Jana.

„Na, irgendeine kleine Überraschung. Ein vierblättriges Kleeblatt. 10 Euro. Ein Kaubonbon."

„Oder ein Zahlschein", sagt Kevin. „Wenn Papa Briefe bekommt, sind immer Zahlscheine drinnen. Und dann schaut er ganz verdrießlich."

„Das sind nicht die Briefe, die ich meine; das sind Rechnungen", sagt Tante Gini. „In diesem Brief, der heute gekommen ist, war eine gepresste Blume. Und ein Foto."

„Fotos kann man auch mailen", wirft Kevin ein.

„Aber Geld nicht", sagt Jana. „Und Schokoriegel auch nicht."

Tante Gini nimmt das Blatt, das auf dem Schreibtisch liegt, zwischen zwei Finger. „Fühl mal!", sagt sie zu Jana. „Manche Briefbögen sind fein wie Seidenpapier. Wie Spinnweben, fast durchsichtig. Manche haben Wasserzeichen. Es gibt handgeschöpftes Papier, Papier, das aus getrockneten Gräsern oder alten Lumpen hergestellt wird. Ach, ich könnte euch viel darüber erzählen."

„Lieber nicht", brummt Kevin. „Wichtiger ist doch, was in so einem Brief steht."

„Stimmt", lacht Tante Gini. „Zum Glück sind es meistens gute Nachrichten, die ich bekomme."

„So wie diese", sagt Kevin grinsend. „Schönen Gruß von deinem Bruder Erich!"

Er knüllt den Zettel zu einer Kugel und wirft ihn Tante Gini zu. Die fängt den Papierball geschickt und glättet das Papier.

„Was ist das? Ein großes Geburtstagsfest für Mama?", staunt sie. „Mein Gott, Mama wird ja 85 im März! Prima Idee, so eine Familienfeier!"

„Du wirst doch kommen?", fragt Jana.

„Sicher!", sagt Tante

Gini. „Wenn ihr beiden schon extra so weit gefahren seid …"

„Tja, eine E-Mail von Oma Jutta wär' früher da gewesen", sagt Kevin. „Selbst wenn sie um die ganze Welt geht, dauert es oft nur Sekunden, bis sie ankommt."

„Obwohl wir zwei auch ziemlich schnell waren", wirft Jana ein.

„Warum bist du nur so altmodisch, Tante Gini?!", sagt Kevin.

Da lacht Tante Gini. „Du wirst mich nicht umstimmen. Was, bitte, ist bei Stromausfall? Wenn die Lichter ausgehen? Einen Brief kannst du auch bei Kerzenlicht lesen. Und schreiben. Das ist echt romantisch."

Kevin rümpft die Nase, aber er sagt nichts mehr. Jana auch nicht. Sie ist nachdenklich geworden. Tante Gini hat Recht. Irgendwie.

Feldpost

Die Zeit bis zu Uromas Geburtstag vergeht wie im Flug.

Janas Mutter schreibt eine Liste mit allen Gästen.

Kevin und Jana basteln die Tischkärtchen für die Feier.

Kevin schreibt die Namen der Gäste am Computer, dann druckt er sie auf dünnem Karton aus.

Jana malt eine kleine Blume auf jede Karte und faltet sie.

Opa Erich bäckt drei Torten. Die Rezepte hat Oma Jutta aus dem Internet.

Tante Gini zeichnet einen Stammbaum auf ein großes Blatt Papier. Das ist ihr Geschenk für das „Geburtstagskind".

Auf dem Blatt sieht man alle Kinder, Enkelkinder und Urenkel von Uroma verzeichnet. Neben jedem Namen steht der Geburtstag und das Geburtsjahr. Die kommen der Uroma manchmal schon ein bisschen durcheinander …

Es wird ein großes Geburtstagsfest im Gasthaus.

An die 40 Leute sind gekommen, um die Uroma zu feiern. Die sitzt ganz vorne an der Tafel und hat vor Aufregung rosige Wangen. Das passt gut zu ihren weißen Haaren, findet Jana.

Kevin bekommt von seinen Cousins und Kusinen ein paar neue E-Mail-Adressen für seine Sammlung.

Opa Franz hält eine lustige Rede.

Schließlich besteht die Uroma darauf, dass alle

noch zu ihr nach Hause kommen, zu einer Kaffeejause. Den Tisch hat sie schon am Vormittag festlich gedeckt. Es gibt Strudel von Opa Erich, diesmal Nussstrudel, und der schmeckt großartig, sagen alle. Er ist kein bisschen angebrannt.

Jana legt ein Stück zur Seite, das bekommt Konrad morgen in der großen Pause. Den kleinen Schwindel mit dem Handy hat sie ihm schon verziehen.

„Ich würde mir wünschen, Hans könnte heute auch dabei sein", sagt die Uroma und streicht Kevin über den Kopf. „Es ist so schade, dass er euch nicht mehr kennen gelernt hat."

„Stimmt", sagt Kevin. „Er wäre entzückt."

In diesem Moment summt Kevins Handy. Kevin zieht es aus der Tasche und wirft einen Blick auf das Display. „Nur eine SMS", sagt er und steckt das Handy wieder ein.

„SMS?", fragt die Uroma.

„Short Message Service", sagt Jana stolz. „Ich kann dir zeigen, wie's geht."

Die Uroma winkt ab. „So etwas brauch ich nicht mehr."

„Es bedeutet Kurzmitteilung", übersetzt Papa.

„Also eine Kurznachricht?" Dann schmunzelt die Uroma und sagt: „SMS gab's zu meiner Jugendzeit nicht. Aber Kurzmitteilungen schon. KM würde ich es nennen."

„Du wolltest von deinem Hans erzählen", sagt Papa, „von unserem Opa."

„Ja. Wir waren gerade einmal ein Jahr verheiratet, da musste Hans in den Krieg in ein fremdes Land, weit, weit weg von daheim. Wochen-, nein monatelang hab ich nichts von ihm gehört. Wenn er Urlaub hatte, um mich zu besuchen, dann nur

für zwei, drei Tage. Dann musste er wieder an die Front, dorthin, wo gekämpft wurde. Und ich wusste nicht, ob er je wiederkommen würde. Ich konnte nur hoffen und beten, dass er am Leben bleibt."

Jana kann sich das gar nicht vorstellen. „Hat er dich nie angerufen?", fragt sie. „Oder du ihn?"

Die Uroma schüttelt den Kopf. „Wir hatten doch kein Telefon."

„Hat er dir nicht geschrieben?", fragt Kevin.

„Doch", sagt die Uroma nachdenklich. „Ab und zu ist eine Karte von ihm im Postkasten gelegen, einmal ein Brief. Er hat mir später erzählt, dass er sogar oft geschrieben hat. Doch die Feldpost kam nicht immer an."

„Feldpost?", fragt Kevin. „Was ist das? Post vom Feld?"

„Ja", nickt die Uroma. „Vom Schlachtfeld. Es war eine schreckliche Zeit. Seid froh, Kinder, dass ihr das nicht erlebt habt."

„Und? Als der Krieg vorbei war? Kam da dein Mann nach Hause?“

„Später, viel später. Als der Krieg zu Ende war, kam Hans zunächst in Gefangenschaft. Ich wusste nicht, wie es ihm geht. Ich wusste nicht, ob er genug zu essen hat. Ich hatte wieder die Angst, dass er vielleicht gar nicht mehr heimkommt. Denn viele Soldaten sind in der Gefangenschaft krank geworden und gestorben. Manchmal war es zum Verzweifeln. Zum Glück hatte ich ein süßes Baby, den kleinen Erich …“

Jana muss lachen. Das süße Baby ist inzwischen über 60 Jahre, hat eine Glatze und ist Opa.

„Aber du hattest ja auch die kleine Gini.“

„Die kam erst viel später zur Welt. Da war Hans schon zurück aus der Gefangenschaft. Als der Krieg zu Ende war, da hatte ich nur den kleinen Erich und die BiB.“

BiB

„BiB?“, fragt Janas Mutter.

„BiB, BiB, BiB – ich hab dich lieb!“, kichert Opa Erich.

Jana versteht gar nichts mehr.

„Kommt mit“, sagt die Uroma. Sie schmunzelt noch immer.

Dann gehen sie alle in den Garten, langsam, denn die Uroma kann nicht mehr so schnell gehen. Sie hakt sich bei Janas Papa unter.

„Was ist BiB?“, fragt Jana.

„Abwarten“, schmunzelt die Uroma.

Sie führt die ganze Gesellschaft zum alten Nussbaum. „Hier“, sagt sie. „Hier ist es. Ein immerwährender Liebesbrief.“

Jana kann nichts sehen. „Wo?“

„Na, hier“, sagt Opa Erich. Er weiß, was die Uroma meint. Er kennt die alte Geschichte. Er hat sie schon oft gehört.

Opa Erich deutet auf den dicken Stamm. Da sieht es auch Jana. Ein Herz ist in der Rinde! Es muss vor langer, langer Zeit in den Baum geritzt worden sein, denn die Rinde ist über den Rand des Herzens gewachsen. Und mitten drin im Herzen sieht man zwei Buchstaben: K + J.

„K + J? Was heißt das?“, fragt Jana.
„Konrad und Jana“, grinst Kevin.
„Blödmann!“, sagt Jana und spürt, wie sie rot wird. „Vielleicht Kevin und Jenny?“
Kevin zeigt ihr den Vogel.
„Katharina und Johann“, sagt die Uroma, „das ist die BiB, die Botschaft im Baum. Johann, das war Hans, dein Uropa, Jana; der Vater von Erich und Gini. Dein Uropa hat das Herz in den Nussbaum geritzt. Zwei Jahre vor unserer Hochzeit. Und es ist noch immer da, 66 Jahre später.“
„Und da wird es auch bleiben“, sagt Oma Jutta.
„Solang der Baum steht“, nickt die Uroma.
„Ist das nicht eine schöne Geschichte?“, fragt Janas Mama gerührt.
Ja, das findet Jana auch. Diese Geschichte muss sie Konrad erzählen. Ein Herz im Baum ist

besser als eins auf Papier. Das hält länger. Wird nicht gelöscht wie eine SMS oder E-Mail.

Hoffentlich weiß Konrad, was er nächsten Valentinstag zu tun hat.

Wenn er schon kein Handy hat – ein Taschenmesser wird er ja haben …

Weitere Lesezug-Bücher finden Sie unter

www.lesezug.at

ISBN 978-3-7074-0350-3
4. Klasse, ab 8/9 Jahren

ISBN 978-3-7074-0389-3
4. Klasse, ab 8/9 Jahren

ISBN 978-3-7074-1341-0
4. Klasse, ab 8/9 Jahren

ISBN 978-3-7074-1366-3
4. Klasse, ab 8/9 Jahren

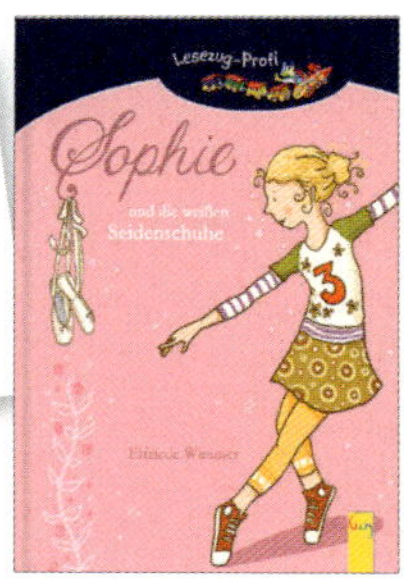

ISBN 978-3-7074-1271-0
4. Klasse, ab 8/9 Jahren

ISBN 978-3-7074-1288-8
4. Klasse, ab 8/9 Jahren

ISBN 978-3-7074-1234-5
4. Klasse, ab 8/9 Jahren

Weitere Bücher für diese Altersstufe

ISBN 978-3-7074-1141-6

ISBN 978-3-7074-1233-8

ISBN 978-3-7074-1355-7

ISBN 978-3-7074-0269-8

ISBN 978-3-7074-0377-0

ISBN 978-3-7074-0231-5

ISBN 978-3-7074-1064-8

ISBN 978-3-7074-0332-9

ISBN 978-3-7074-0359-6

ISBN 978-3-7074-1104-1

ISBN 978-3-7074-0385-5

ISBN 978-3-7074-0400-5

ISBN 978-3-7074-1163-8

ISBN 978-3-7074-0333-6

ISBN 978-3-7074-0170-7

ISBN 978-3-7074-0169-1

ISBN 978-3-7074-0180-6

ISBN 978-3-7074-0396-1

ISBN 978-3-7074-1242-0